BEI GRIN MACHT SICH IHR WISSEN BEZAHLT

- Wir veröffentlichen Ihre Hausarbeit,
  Bachelor- und Masterarbeit

- Ihr eigenes eBook und Buch -
  weltweit in allen wichtigen Shops

- Verdienen Sie an jedem Verkauf

Jetzt bei www.GRIN.com hochladen und kostenlos publizieren

Mukadder Köse

Arbeitserleichterung in Bibliotheken durch den Einsatz von Radio Frequency Identification

GRIN Verlag

Bibliografische Information der Deutschen Nationalbibliothek:

Die Deutsche Bibliothek verzeichnet diese Publikation in der Deutschen National-
bibliografie; detaillierte bibliografische Daten sind im Internet über http://dnb.d-
nb.de/ abrufbar.

Impressum:

Copyright © 2012 GRIN Verlag, Open Publishing GmbH
Druck und Bindung: Books on Demand GmbH, Norderstedt Germany
ISBN: 978-3-668-00463-4

Dieses Buch bei GRIN:

http://www.grin.com/de/e-book/301358/arbeitserleichterung-in-bibliotheken-durch-
den-einsatz-von-radio-frequency

GRIN - Your knowledge has value

Der GRIN Verlag publiziert seit 1998 wissenschaftliche Arbeiten von Studenten, Hochschullehrern und anderen Akademikern als eBook und gedrucktes Buch. Die Verlagswebsite www.grin.com ist die ideale Plattform zur Veröffentlichung von Hausarbeiten, Abschlussarbeiten, wissenschaftlichen Aufsätzen, Dissertationen und Fachbüchern.

Besuchen Sie uns im Internet:

http://www.grin.com/

http://www.facebook.com/grincom

http://www.twitter.com/grin_com

Thema der Arbeit

Arbeitserleichterung bzw. Aufteilung in Bibliotheken

durch den Einsatz von Radio Frequency Identification

Hausarbeit

vorgelegt von

Mukadder Köse

Rheinische Fachhochschule

Fachbereich Wissenschaftliches Arbeiten

Studiengang: Bachelor in Wirtschaftsinformatik

Sommersemester 2012/2013

Inhaltsverzeichnis

1   Einleitung 3

2   Radio Frequency Identification 4

    2.1   Definition 4

    2.2   Technologie 5

    2.3   Einsatzmöglichkeiten 6

    2.4   Chancen und Risiken 7

3   Bibliothek 9

    3.1   Definition 9

    3.2   Arten 9

    3.3   Aufgaben der Bibliotheken 10

4   Einsatz von Radio Frequency Identification in Bibliotheken 12

    4.1   Funktionsweise der Ausleihe in herkömmlichen Bibliotheken 12

    4.2   Funktionsweise der Ausleihe in Bibliotheken mit RFID-Einsatz 13

    4.3   Vorteile Arbeitserleichterung 15

5   Fazit 16

Abbildungsverzeichnis 17

Literaturverzeichnis 18

1 Einleitung

Während Radio Frequency Identification in der Vergangenheit vor allem bei Zugangskontrollen, Diebstahlsicherung und zur Tieridentifikation angewendet wurde, erweitern sich die Einsatzmöglichkeiten von Tag zu Tag. Es bieten sich immer mehr Anwendungsbereiche zum Einsatz der RFID-Systeme an, darunter auch Personenidentifikation in Warenhäuser, Kliniken und Flughäfen.

Der Einsatz zähliger RFID Technologien führt dazu, dass wesentliche wirtschaftliche Prozesse verbessert werden. Insbesondere die gesteigerte Produktivität, Kosteneinsparungen und Reduktion von Fehlerquoten stehen hier im Vordergrund.

Das Ziel dieser Hausarbeit ist es, einen Überblick über die RFID Technologie sowie Einsatzmöglichkeiten als auch über mögliche Chancen und Risiken zu liefern, wobei der Fokus vor allem auf den Einsatz von RFID in Bibliotheken und den daraus resultierenden Vorteilen wie Arbeitserleichterung bzw. Aufteilung, Konzentration auf Beratung und Betreuung der Besucher und Ressourceneinsparung liegt.

Als erstes werden die Begriffe RFID und Bibliothek getrennt voneinander betrachtet und ausführlich definiert, anschließend folgt eine Zusammentragung der Begriffe und Schilderung Grundlegender Vorteile des RFID-Einsatzes in Bibliotheken.

2   Radio Frequency Identification

Im Folgenden wird nach einer Begriffsdefinition die RFID – Technologie mit ihren System-komponenten und deren Funktionsweise erklärt. Anschließend werden die Einsatzmöglich-keiten der RFID mit ihren Chancen und Risiken erörtert. Abb. 1 zeigt Beispielhaft ein RFID-Chip

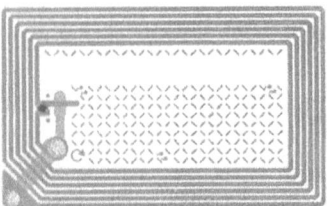

Abb. 1: RFID-Chip (Entnommen aus Mattern F, 2005, S.71)

2.1   Definition

Nach Christian Kern ist Radio Frequency Identification - Technologie ein berührungsloses Verfahren zur Kennzeichnung von Gegenständen, Tieren oder Personen und erleichtert die Erfassung ihrer Daten. Sie wird oft in Dienstleistungsbereichen wie Produktionsbetrieben, Materialflusssystemen und im Handel eingesetzt, um die Lagerung, Erkennung, Überwa-chung und den Transport zu vereinfachen.[1]

Da ein RFID-System ein Objekt automatisch Identifizieren kann gehört er zu den Auto-ID-Systemen. Im Vergleich zu anderen Auto-ID-Systemen aber birgt ein RFID-System ein enormes Nutzenpotential, weil er weniger menschliche Eingriffe in Anspruch nimmt als bis-herige Auto-ID-Systeme. Objekte z. B. Bücher müssen nicht mehr ausgepackt und einzeln gescannt werden, sondern können mithilfe der Radiowellen gleichzeitig und verpackt erkannt werden.[2]

---

[1] Vgl. Kern, Christian (2007): S. 1
[2] Vgl. Lampe, Matthias; Flörkemeier, Cristian; Haller, Stephan (2005): S. 69

2.2 Technologie

RFID-Systeme sind prinzipiell immer aus den gleichen Systemkomponenten aufgebaut und haben dieselbe Funktionsweise.

Wie in Abb. 2 (Systemkomponenten) dargestellt besteht ein RFID-System technisch in der Regel aus drei Komponenten: einem Transponder (auch Tag genannt), einem Lesegerät und einem Hintergrundsystem (Server). Im Transponder und im Lesegerät sind jeweils eine Schaltung (Chip) und eine Antenne zur kontaktlosen Übertragung von Daten durch Funkwellen enthalten.[3]

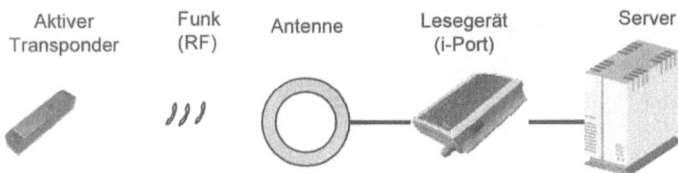

Abb. 2: Systemkomponenten (Entnommen aus Mattern F, 2005, S.215)

Die Funktionsweise eines RFID-Systems ist in Abb. 3 dargestellt. Die Informationen werden auf dem Transponder gespeichert und können über einen bestimmten Abstand kontaktlos gelesen werden.[4] Die Transponder werden in aktive und passive Systeme unterteilt. Aktive Systeme verfügen über eine eigene Energiequelle um die Reichweite zu erhöhen, die passiven wiederum erhalten ihre Energie von den Funkwellen der Lesegeräte.[5]

Im aktiven Transponder wird mithilfe des Lesegeräts ein magnetisches Feld und somit eine Spannung induziert. Die Spannung stellt für den aktiven Transponder ein Signal dar, um aus dem Ruhezustand in die Betriebsbereitschaft zu wechseln und nun Daten zu senden. Auch der passive Transponder wird vom Lesegerät aktiviert und sendet die gespeicherten Daten an das Lesegerät.[6]

---

[3] Vgl. Kern, Christian (1999): S. 5 f
[4] Vgl. Jörn, F; Gillert, F; Plotzke, O; u.a (2008): S. 31 ff
[5] Vgl. Lampe, Matthias; Flörkemeier, Cristian; Haller, Stephan (2005): S. 69 ff
[6] Vgl. Kern, Christian (2007): S. 7

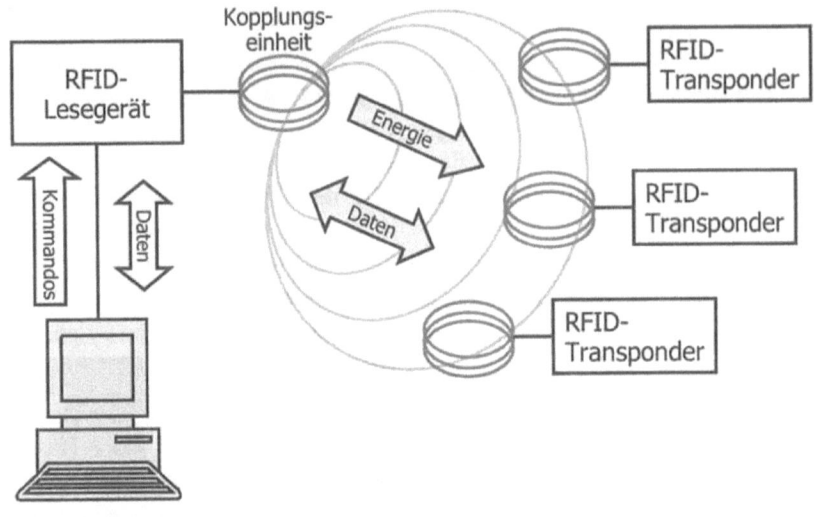

Rechner/Applikation

Abb. 3: Funktionsweise des RFID-Systems (Entnommen aus Mattern F, 2005, S.71)

Beim Hintergrundsystem handelt es sich im einfachsten Fall um einen Rechner, welcher Kommandos (auslesen der Identifikationsnummer aller RFID Transponder im Lesebereich) und Informationen an das Lesegerät schickt und Antwortdaten vom Lesegerät bekommt, welche auf dem Rechner gespeichert werden.[7]

2.3 Einsatzmöglichkeiten

Es gibt viele Bereiche, in denen ein RFID-System zum Einsatz kommt, dieser Abschnitt gibt einen kurzen Überblick über die Einsatzmöglichkeiten der RFID.

Eines der größten Potentiale für den Einsatz der RFID-Systeme, stellt die Logistik dar. Um die komplexen Abläufe in einem Warenhaus sicher und einfach bewältigen zu können ist der Einsatz von RFID-Systemen hier besonders hilfreich. Zum einen werden Warenbestände und Bezahlfunktionen automatisch erfasst, zum anderen werden Warenein- und – ausgangprozesse verbessert (ständig überprüft). Diese Prozesse führen zu einer Kostenersparnis und einer Vereinfachung der Vorgänge. Auch die Diebstahlsicherung wird verbessert.[8]

---

[7] Vgl. Lampe, Matthias; Flörkemeier, Cristian; Haller, Stephan (2008): S. 70
[8] Vgl. Kern, Christian (1999): S. 221-225

Des Weiteren finden RFID Technologien Anwendung in der Tieridentifikation. Beispielhaft hierfür sind Halsband- und Ohrenmarkentransponder aber auch Transponder, welche injizierbar sind und somit eine geringere Verlustgefahr aufweisen. Injizierbare Transponder werden in den Körper eingeschleust und können dort bis zur Schlachtung verweilen.[9] Mithilfe des Einsatzes der RFID Technologien in der Tierhaltung werden viele Aufgaben wie Fütterung, Tiererkennung, Temperaturüberwachung, Ortung und Seuchenkontrolle automatisiert und auch vereinfacht.[10]

Auch in vielen anderen Bereichen wie Material- und Personenidentifikation in Firmen, Einkaufshäusern, Kliniken, Behörden, Flughäfen und Bibliotheken sind RFID-Systeme nützlich.[11]

2.4 Chancen und Risiken

Wie jedes andere System hat auch das RFID-System seine Vor- und Nachteile.

Einerseits bietet der Einsatz von RFID vielfältige und große Chancen der Ressourceneinsparung beim Arbeitseinsatz, Kosten und Zeitaufwand durch Verbesserung und Effizienzsteigerung bei Arbeitsabläufen wie Produktion, Sortierung, Lieferung, Zahlung und Diebstahlsicherung.[12]

Andererseits steigen Risiken für Unternehmer und Kunden, da die RFID auf einer funkgesteuerten und somit schwer kontrollierbaren Arbeitsweise basiert.[13] Um die möglichen Risiken besser nachvollziehen zu können wird im Weiteren auf die technischen, und wirtschaftlichen Risiken eingegangen.

Die Risiken auf technischer Ebene sind sehr vielfältig und umfassend. Zum Einen kann die Kommunikation durch den Einsatz von Störsendern zwischen den Komponenten leicht behindert werden, in dem die Frequenzen mit Funkwellen überlagert werden. Zum Anderen kann man mit Abschirmungsverfahren die Kommunikation leicht unterbrechen, indem man den Tag in Metall einwickelt oder den Tag ablöst bzw. zerstört. Auch ist ein Tag in der Lage andere Tags in seiner Umgebung zu blockieren, sodass der Leser keine Chance hat die Transponder in der Umgebung zu erkennen.[14]

---

[9] Vgl. Artmann, R (1992): S. 23-38 und Kern, Christian (2007): S. 103
[10] Vgl. Pirkelmann, H; Wendl, G; Kern, C (1992): S. 11
[11] Vgl. Kern, Christian (2007): S. 1-6
[12] Vgl. Kern, Christian (2007): S. 101-103 und Kern, Christian (1999): S. 221-225
[13] Vgl. Sandra, Gross; Frederic, Thiesse (2005): S. 303 ff
[14] Vgl. Juel, A; Rivest, B; Szydlo, M (2003): S. 103-111

Aus den technischen Risiken können auch maßgebliche wirtschaftliche Risiken entstehen. Zu den wirtschaftlichen Risiken gehören das Abhören von Informationen und somit auch der Datenmissbrauch. Es ist möglich für Dritte durch Auslesen der Transpondersignale Daten aufzuzeichnen und somit Verhaltensprofile zu erstellen, die zu Marketingzwecken missbraucht werden können.[15] Nehmen wir ein einfaches Beispiel, wenn RFID Etikette, die in einem gekauften Kleidungsstück ohne Deaktivierung dem Kunden übergeben werden, können die darin gespeicherten Daten vom jeweiligen Betreiber des Warenhauses problemlos ausgelesen werden. Auch die Überprüfung, ob die RFID Etikette wirklich deaktiviert wurden ist für den Kunden nicht möglich. In den vergangenen Jahren wurden RFID Chips vor allem im Bereich Verkauf ohne Einverständnis der Kunden eingesetzt.[16]

---

[15] Vgl. Sandra, Gross; Frederic, Thiesse (2005): S. 303- 313
[16] Vgl. Kern, Christian (2007): S. 203- 206

3   Bibliothek

3.1   Definition

Ursprünglich stammt das Wort Bibliothek vom Griechischen und hat die Bedeutung Buchbe-
hälter, indem damals Papyrusrollen aufbewahrt wurden.[17]

Heute verbindet man mit dem Wort Bibliothek ein Gebäude bzw. einen Raum mit einer
Sammlung von Büchern, welches zum Zwecke privater oder öffentlicher Nutzung für jeden
zugänglich ist. Die wesentliche Aufgabe einer Bibliothek ist das Sammeln, Erschließen und
Vermitteln von Informationen. Zum Interesse der Allgemeinheit steht die Bibliothek als Ser-
vice Unternehmen da, welches durch seine Dienstleistungen die Bildung, Wissenschaft und
Kultur in einem Land fördern soll.[18]

Die Sammlung einer Bibliothek ist jedoch nicht nur auf Bücher beschränkt sondern verfügt
auch über Handschriften, Autographe, Nachlässe, Karten, Globen, Filme, Kassetten und
anderes. Die anfänglich nur über Bücher verfügende Einrichtung Bibliothek verwandelt sich
immer weiter zu einer Mediensammlung, aufgrund hinzukommender elektronischer Medien.[19]

3.2   Arten

Bibliotheken lassen sich nach unterschiedlichen Kriterien wie Größe der Organisation, staat-
licher Einordnung, Anbindung oder Zielgruppen unterscheiden. In Deutschland sind verschiedene Bibliotheken eingerichtet, darunter auch die Nationalbibliothek. Ihre Aufgabe ist
die Sammlung, Archivierung und Aufzeichnung aller inländischen und ins Ausland verlegten,
ursprünglich deutschsprachigen Exemplare.[20]

Eine weitere Bibliotheksart stellen die Hochschul- bzw. Universitätsbibliotheken dar. Diese
sollen hauptsächlich die Studenten und Professoren der jeweiligen Universität mit Literatur
versorgen. Das bedeutet aber nicht zwingend dass die Benutzung der Bibliothek für nicht
Hochschulangehörige untersagt ist. Fachhochschulbibliotheken unterscheiden sich zu Universitätsbibliotheken jedoch in einem wesentlichen Aspekt, ihre Exemplare beschränken sich

---

[17] Vgl. Hadeler, Thorsten; Winter, Eggert; Artentzen, Ute (2004): S. 1 ff
[18] Vgl. Rösch, Hermann (2012): S. 7 ff
[19] Vgl. Umlauf, Konrad (1997): S. 16 ff
[20] Vgl. Rösch, Hermann (2012): S. 7 ff

in den auf der Hochschule zur Verfügung stehenden Fächer und stehen diese oft mit mehreren Exemplaren als Lehrmaterial für die Studierenden bereit.[21]

Zu den größten wissenschaftlichen Bibliotheken gehören die Fachbibliothek oder auch Spezialbibliothek genannt. Sie gehen in der Regel eine Bindung mit einer anderen Institution (Forschungsinstitut, Museum, Kliniken oder andere Bibliotheken) ein und beschränken sich somit auf eine bestimmte Fachrichtung.[22]

Am weitesten verbreitet ist die öffentliche Bibliothek. Sie steht für die gesamte Bevölkerung zur Verfügung und bietet sowohl wissenschaftliche als auch nicht wissenschaftliche Literatur an. Sie stellt gedruckte Medien wie Bücher und Zeitschriften für verschiedene Themengebiete wie Bildung, Unterhaltung, Kinder- und Jugendbücher, Freizeit und Gestaltung aber auch elektronische Medien zur Verfügung. [23]

3.3 Aufgaben der Bibliotheken

Zu den wesentlichen Aufgaben einer Bibliothek gehört die Grundversorgung der Bürger mit gedruckter Information. Eine Bibliothek steht grundsätzlich für jeden zur Verfügung und sollte für jeden bezahlbar sein. Durch diesen öffentlichen Zugang zu Information wird der im Grundgesetz in Artikel Art. 5 garantierte Recht auf Informationsfreiheit Rechnung getragen.[24]

In Verbindung mit Bildung steht der Bibliothek eine sehr wichtige Rolle zu. Sie versucht den Schülern schon im jungen Alter das Lesen näherzubringen und das Interesse zum Lesen zu erwecken. Auch bei der beruflichen Weiterbildung dient sie der ausführlichen Literaturrecherche und bietet ausreichend Materialien zu notwendigen Fachbüchern an.[25]

Die Bibliothek stellt auch einen Treffpunkt für Besucher dar, welche sich über jegliche Themen oder Ideen austauschen können. Schüler und Studenten nutzen die Bibliothek als einen gemeinsamen Lernort, indem sie Aufgaben bearbeiten, über Probleme diskutieren und gemeinsam nach möglichen Lösungen suchen.[26]

Nicht nur für Bildung und Schule ist die Bibliothek interessant, darüber hinaus dient sie auch der Freizeitgestaltung. Zur Unterhaltung werden auch Spiele, Filme, Musik und weitere Me-

---

[21] Vgl. Rösch, Hermann (2012): S. 7 ff
[22] Vgl. Umlauf, Konrad (1997): S. 16 ff
[23] Vgl. Albrecht, Rita; Wiesner, Margot (1995): S. 1653-1656
[24] Vgl. Pieroth, Bodo; Jarass, Hans (2009): S. 471
[25] Vgl. Rösch, Hermann (2012): S. 11 ff
[26] Vgl. Umlauf, Konrad (1997): S.16 ff

dien angeboten. Durch ihr vielfältiges Angebot unterscheidet sich die Bibliothek wesentlich von Buchhandlungen, welche nur profitorientiert arbeiten.[27]

---

[27] Vgl. Rösch, Hermann (2012): S. 11 ff

4 Einsatz von Radio Frequency Identification in Bibliotheken

Zusammen mit Büchern, mit ihren günstigen physikalischen Voraussetzungen, bilden Bibliotheken als geschlossene Systeme mit Barcodeeinsatz ein geeignetes Objekt für den Einsatz und Umstieg auf RFID-Systeme.[28]

Als Gegenstand dieser Arbeit werden im Folgenden die Komponenten der RFID-Systeme in Bibliotheken, dessen Nutzung, Anordnung und Funktionsweise erörtert.

4.1 Funktionsweise der Ausleihe in herkömmlichen Bibliotheken

Um den Einsatz und die mit ihr einhergehende Veränderung in Bibliotheken mit RFID besser zu verstehen sei zunächst die Funktionsweise der Bücherausleihe in herkömmlichen Bibliotheken, wie in Abb. 4 erläutert.

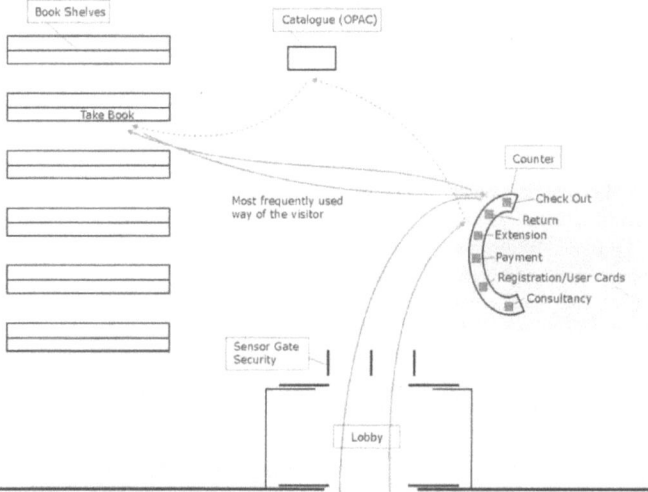

Abb. 4: Komponentenanordnung in Bibliotheken ohne RFID Einsatz (Kern C, 2007, S.138)

Darin sind die Lage der zentralen Bibliotheksbestandteile und der Weg des Besuchers in einer herkömmlichen Bibliothek ohne RFID-System dargestellt. Wie man sieht hat die Theke eine zentrale Bedeutung in der Bibliothek, da alle wesentlichen Kundenkontakte wie Registrierung, Buchausleihe, Rückgabe, Beratung und Payment nur an der Theke stattfinden und die meisten Angestellten dort positioniert sind. Der Besucher ist in seiner Bewegung einge-

---

[28] Vgl. Kern, Cristian (2007): S. 133 ff

schränkt und kann sich bei Fragen nur an die Theke oder den Katalog wenden. Aufgrund der begrenzten Anzahl an Personal kann es somit zu Warteschlangen führen.[29]

Nach Frederic Thiesse und Frank Gillert gehört die Diebstahlsicherung zum Ausleihprozess. Hierbei geht es darum das Objekt, in diesem Fall das Buch, eindeutig zu identifizieren. Dazu werden magnetisierte Metallstreifen ins Buch integriert, deren Magnetfeld sich im Falle einer Ausleihung von „nicht Ausgeliehen" in „Ausgeliehen" umpolt, sodass es die Bibliothek ohne einen Alarm auszulösen verlassen kann.[30]

4.2 Funktionsweise der Ausleihe in Bibliotheken mit RFID-Einsatz

Eine Bibliothek mit RFID-System enthält wie in Kapitel 2.2 „Technologie" beschrieben alle wichtigen System-Komponenten wie Transponder, Lesegeräte und Hintergrundsystem. Wesentlich ist die Lokation der Transponder und der Lesegeräte. Dessen Lage wird durch den Ausleihprozess bestimmt. Statt klassischer Barcodes zur Identifikation und Magnetstreifen zur Diebstahlsicherung befindet sich nun in einem Buch nur noch ein Transponder, der beide Aufgaben übernimmt.[31] Der Ausleihprozess in einer Bibliothek mit RFID-System ist in Abb. 5 dargestellt. Die auffälligste Veränderung ist, dass die Theke keine bedeutende Rolle mehr spielt, da viele Prozesse automatisiert wurden.

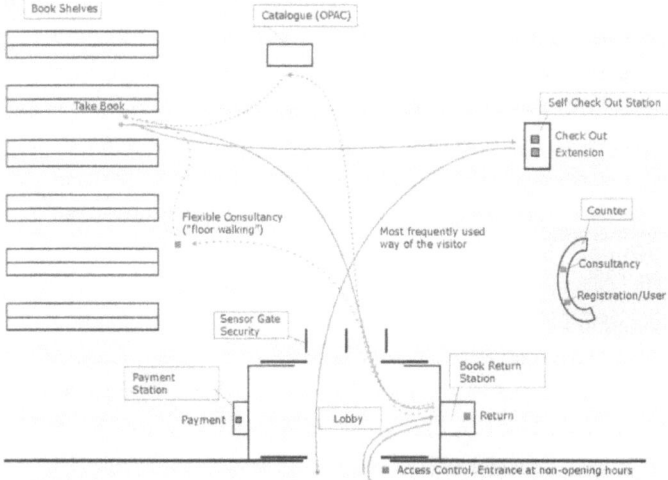

Abb. 5: Komponentenanordnung in Bibliotheken mit RFID Einsatz (Kern C, 2007, S.139)

---

[29] Vgl. Erwin, E; Kern, C (2003): S. 23-38
[30] Vgl. Thiesse, Frederic; Gillert, Frank (2005): S. 291 ff
[31] Vgl. Kern, Cristian (2007): S. 133 ff

Entscheidend für den neuen Prozess ist die Positionierung der Lesegeräte für die Ausleihe und Rückgabe. Während das Lesegerät für die Ausleihe sich innerhalb der Bibliothek befindet, kann das Lesegerät für die Rückgabe auch Außerhalb der Bibliothek angebracht sein. Der Kunde kann eigenständig ausgewählte Bücher Aus- und Ein-Checken. Während in klassischen Bibliotheken das Personal an der Ausleitheke verankert ist, sind die Mitarbeiter bei RFID-Einsatz auf verschiedene Stationen verteilt. Es sind auch nur noch wenige Mitarbeiter an den Terminals erforderlich, die auch nicht mehr selber verbuchen, sondern bei Bedarf Hilfe leisten. An den sog. Self-Check-out-Terminals können die Besucher nun ihre Bücher selbst verbuchen. Dazu werden die Medien einzeln oder als Stapel auf die Registrierplatte gelegt und automatisch verbucht. Ein weiteres Element vieler RFID-Systeme ist die Rückgabebox, welche der automatischen Rückgabe im Eingangsbereich bzw. einem Vorraum außerhalb der Bibliothek zur Verfügung steht. Besucher, die ihre Bücher zurückbringen wollen müssen die Bibliothek nicht mehr betreten und können auch außerhalb der Öffnungszeiten die ausgeliehene Ware zurückbringen und können somit auch lange Wartezeiten an der Theke vermeiden. Durch die Verlagerung der Buchrückgabe von der Theke in eine Selbstrückgabestation profitieren aber nicht nur die Besucher sondern auch die Bibliothek bzw. das Personal. Die verliehenen Bücher werden in einen Eingabeschlitz eingelegt, durch den RFID Leser identifiziert und im gleichen Verfahren wie bei der Selbstverbuchung auf die Zugehörigkeit zur Bibliothek überprüft. Nach erfolgreicher Überprüfung wird das Buch sortiert und weiterbefördert bis es schließlich seinen ursprünglichen Standort erreicht hat. [32]

Auch bei Bestandskontrollen wird durch die Einfuhr von RFID-Handlesegeräten an Zeit und Arbeit gespart, hier ist im Vergleich zum Barcode kein separates Scannen jedes einzelnen Objekts notwendig. Der Einsatz ist hierbei aber nicht auf die geschilderten Bereiche beschränkt. RFID Technologien können auch verstellte Medien aufspüren, Bücher sortieren, Neuanschaffungen schneller einarbeiten und die Nutzung von Präsenzbeständen analysieren. Weiterhin wird durch Diebstahlschutz die Mediensicherheit erhöht und an Verlustkosten gespart. [33]

Desweiteren ermöglicht der RFID-Einsatz die Disponierung des Personals an verschiedene Orte und verspricht somit eine intensivere Kundenbetreuung. Aufgrund der Automatisierung von Routinearbeiten, die nicht mehr vom Personal ausgeführt werden müssen steigt die Beratungsqualität und der Service verbessert sich. Dazu werden möglichst viele Arbeiten wie z. B. die Verlängerung oder Zahlung, die von der Theke aus erledigt wurden auf Selbstbedienungsautomaten verlegt. [34]

---

[32] Vgl. Kern, Cristian (2007): S. 158 ff
[33] Vgl. Thiesse, Frederic; Gillert, Frank (2005): S. 291 ff
[34] Vgl. Kern, Christian (2007): S. 137-239

Für die Diebstahlsicherung ist bei RFID-Systemen keine magnetisierten Metallstreifen mit entsprechenden Detektoren und manueller Freigabe erforderlich. Die Diebstahlsicherung wird mitunter vom Transponder im Buch übernommen.[35]

4.3 Vorteile Arbeitserleichterung

Durch den Einsatz von RFID-Systemen können Bibliotheken den Verwaltungsaufwand erheblich reduzieren und sich somit stärker auf ihre Kernaufgaben Beratung und Betreuung der Besucher konzentrieren. Zwar fallen am Anfang der Umstellung von klassischen Barcode Systemen auf moderne RFID-Systeme hohe Investitionskosten an, doch amortisieren sich diese Kosten nach relativ kurzer Zeit, da auch Ressourceneinsparungen möglich sind.[36]

Dier Zahlungserker kann über EC-Systeme komplett auf den Kunden übertragen werden. Zur automatischen Sortierung können auf RFID basierende Sortiersysteme eingesetzt werden. Die manuelle Entriegelung der Diebstahlsicherung von Büchern kann komplett entfallen, was eines von vielen Prozesserleichterungen darstellt.[37]

---

[35] Vgl. Kern, Christian (2007): S. 133 ff
[36] Vgl. Thiesse, Frederic; Gillert, Frank (2005): S. 296
[37] Vgl. Kern, Christian (2007): S. 137

5 Fazit

In den letzten Jahren hat sich mit den Einsatz in Bibliotheken für die RFID ein sowohl technisch stabiles als auch wirtschaftliches Einsatzgebiet entwickelt. Durch ihre, für RFID günstigen, physikalischen Voraussetzungen bei Büchern und dem geschlossenen System der Bibliothek fiel auch der Umstieg vom Barcode zum RFID-System nicht allzu schwer.

Beim Einsatz in Bibliotheken bietet die RFID Vorteile vor Allem in der Konzentration auf die Kernaufgaben Beratung und Betreuung der Besucher, der Verringerung des Verwaltungsaufwandes und der Ressourceneinsparungen. Einzig die hohen Investitionskosten stellen eine erhebliche Hürde dar.

Zwei Faktoren, die Preisentwicklung und Durchsetzung von Standards sind für den weiteren Einsatz von RFID-Systemen ausschlaggebend. Zwar sind die Anfangsinvestitionen bei der Einführung der RFID relativ hoch, doch ist bei steigender Markttetablierung mit sinkenden Kosten für die Eingangsinvestition zu rechnen.

Bezüglich der Zukunftsaussicht wird zurzeit an einer Standardisierung des Datenformats auf dem Chip gearbeitet, was Aufgrund der besseren Erfüllung von Kundenanforderungen einen weiteren Schub für den Einsatz von RFID verspricht.

Abbildungsverzeichnis

Abb. 1: RFID-Chip   3

Abb. 2: Systemkomponenten   4

Abb. 3: Funktionsweise des RFID-Systems   5

Abb. 4: Zentrale Anordnung der Komponenten in einer Bibliothek ohne RFID Einsatz   10

Abb. 5: Zentrale Anordnung der Komponenten in einer Bibliothek mit RFID Einsatz   11

Literaturverzeichnis

Albrecht, Rita; Wiesner, Margot (1995): Checkliste für den Abschluß von CD-Rom- Lizenzverträgen, in: Bibliotheksdienst 29 (1995), S.1653-1656

Artmann, R (1992): Anforderung an neue Tieridentifikationssysteme aus Sicht der Prozeßsteuerung, in: ((Hrsg.) Petersen, B), Berichte der Gesellschaft, Band 2, S. 23-38

Erwin, E; Kern, C (2003): Radio Frequency Identification for Security and Media Circulation in Libraries, in: Library and Archival Security, Vol. 18 (2), pp 23-38

Hadeler, Thorsen; Winter, Eggert; Artentzen, Ute (2004): Gabler Wirtschaftslexikon, Berlin 2004

Jörn, F; Gillert, F; Plotzke, O; u. a. (2008): Grundlegende Funktionsweise, in: ((Hrsg.) Finkenzeller, Klaus), RFID Handbuch, 5. Auflage, München 2008, S. 31 ff

Juel, A; Rivest, B; Szydlo, M (2003): The Blocker Tag: Selective Blocking of RFID Tags for Consumer Privacy. In Atluri V Proceedings of the 8th ACM Conference on Computer and Communications Security, pp 103-111

Kern, Christian (1999): Transponder als Identifizierungssystem – Stand der Technik und zukünftige Entwicklungen, Berlin 1999

Kern, Christian (2007): Anwendung von RFID-Systemen, Berlin 2007

Lampe, Matthias; Flörkemeier, Cristian; Haller, Stephan (2005): Einführung in die RFID-Technologie, in: ((Hrsg.) Mattern, Friedemann; Fleisch, Elgar), Das Internet der Dinge, Berlin 2005, S. 69

Pieroth, Bodo; Jarass, Hans (2009): Grundgesetz, Berlin 2009

Pirkelmann, H; Wendl, G; Kern, C (1992): Elektronische Tieridentifizierung als Voraussetzung für den Einsatz rechnergesteuerter Verfahren in der Tierhaltung, in: KTBL-Arbeitspapier 170, Würzburg 29. April 1992, S. 11

Rösch, Hermann (2012): Öffentliche Bibliotheken und ihre Umwelt, in: ((Hrsg.) Schade, Frauke; Umlauf, Konrad), Handbuch Bestandsmanagment in öffentlichen Bibliotheken, Berlin 2012, S. 7 ff

Sandra, Gross; Frederic, Thiesse (2005): RFID Systemeinführung - Ein Leitfaden für Projektleiter, in: ((Hrsg. Mattern, Friedemann; Fleisch, Elgar), Das Internet der Dinge, Berlin 2005, S. 303- 313

Thiesse, Frederic; Gillert, Frank (2005): Das smarte Buch, in: ((Hrsg.) Mattern, Friedemann; Fleisch, Elgar), Das Internet der Dinge, Berlin, 2005, S. 291 ff

Umlauf, Konrad (1997): Bestandsaufbau an öffentlichen Bibliotheken, Frankfurt am Main 1997